DIALOGO

Recuerda,

Un pequeño pensamiento positivo por la mañana,
puede cambiar tu día.

PENSAMIENTOS CON JOSE

Primero, leerá y pensará sobre el pensamiento.
Luego, lees lo que el pensamiento significa para José.
Por último, escribe lo que significa el pensamiento para ti.

"NO PUEDES CURAR EN EL MISMO ENTORNO QUE TE HIZO ENFERMO."

Qué significa para José:
El mismo lugar / persona que te lastimó no puede
ser el mismo para ayudarte a mejorar.

Lo que significa para mi:_____

_____

_____

_____

_____

"TODOS LOS DÍAS NO VAN HACER BUENOS, PERO HAY ALGO BUENO EN TODOS LOS DÍAS."

Qué significa para José:
Tu día puede tener algo negativo, pero donde hay un negativo, hay un positivo.

Lo que significa para mi:_____

_____

_____

_____

_____

"CUANDO NO ESTÁS SIGUIENDO TUS METAS, ESTAS COMETIENDO SUICIDIO ESPIRITUAL."

Qué significa para José:
Si no te estas mejorando,
entonces estás perdiendo el tiempo.

Lo que significa para mi:_____
_____
_____
_____
_____

"CÓMO HACES UNA COSA, ES COMO HACES TODO."

Qué significa para José:
Cómo haces las cosas es por tus hábitos repetidos.

Lo que significa para mi:_____
_____
_____
_____
_____

"SI NO SALES O PIENSAS FUERA DE LA CAJA EN LA QUE HAS SIDO CRIADO, ENTONCES NO ENTENDERAS CÓMO DE GRANDE ES EL MUNDO."

Qué significa para José:
Permanecer en una burbuja no te ayudará
llegar más lejos en la vida ni te permitira explorar
el mundo.

Lo que significa para mi:_____
_____
_____
_____
_____

"LAS BENDICIONES EMPIEZAN A VENIR CUANDO EMPIEZAS A SERVIR A PERSONAS AUNQUE NO TE BENEFICIE."

Qué significa para José:
Venimos a este mundo para servir a los demás.
Entre más persona servimos, más
bendiciones nos llegaran.

Lo que significa para mi:_____
_____
_____
_____
_____

"NUNCA SEAS DEMASIADO GRANDE PARA LAS COSAS PEQUEÑAS, O SERÁS PEQUEÑO PARA LAS COSAS GRANDES."

Qué significa para José:
No dejes que tu EGO te controle.

Lo que significa para mi:_____
_____
_____
_____
_____

"LA GENTE TE JUZGARÁ DE LO BUENO O LO MALO QUE HAGAS, LO QUE ESTAS HACIENDO ES PARA TI, NO PARA ELLOS."

Qué significa para José:
No te preocupes por lo que otros digan o piensen de ti
son tus metas y sueños, no los de ellos.

Lo que significa para mi:_____

_____

_____

_____

_____

"NO SE HAGA POBRE TRATANDO DE PARECER RICO."

Qué significa para José:
Si no tienes el dinero, no finjas que lo tienes.

Lo que significa para mi:_____
_____
_____
_____
_____

"ALGUIEN ESTA TENIENDO MÁS ÉXITO DE LAS EXCUSAS QUE TU ESTÁS HACIENDO."

Qué significa para José:
Alguien está haciendo lo que sea necesario
para ser exitoso, mientras tu te estas quejando.

Lo que significa para mi:_____
_____
_____
_____
_____

"INSPIRARSE ES BUENO, PERO A INSPIRAR OTROS ES AUN MEJOR."

Qué significa para José:
El objetivo es ayudar a las personas a
aprovechar su grandeza.

Lo que significa para mi:_____

_____

_____

_____

_____

"NUNCA ESTES DEMASIADO OCUPADO QUE SE TE OLVIDA HACER UNA VIDA."

Qué significa para José:
Aprende a equilibrar la vida,
los negocios y la familia.

Lo que significa para mi:_____
_____
_____
_____
_____

"LA FE ES LA LUZ QUE TE GUIA A TRAVÉS DE LA OSCURIDAD."

Qué significa para José:
Sin Fe, tu vida seguirá siendo negativa.

Lo que significa para mi:_____
_____
_____
_____
_____

"DEBES SER EL CAMBIO QUE TU DESEAS VER EN EL MUNDO."

Qué significa para José:
Recuerda que tu eres el Cambio
que estás buscando.

Lo que significa para mi:_____
_____
_____
_____
_____

"PUEDES HACER UN MILLÓN DE EXCUSAS O PUEDES HACER UN MILLÓN DE DÓLARES, PERO NO LOS DOS."

Qué significa para José:
Prefiero ser financieramente libre que
estar luchando financieramente.

Lo que significa para mi:_____
_____
_____
_____
_____

"LA LUCHA TERMINA CUANDO LA GRATITUD COMIENZA."

Qué significa para José:
Cuando estás agradecido, tu vida es más positiva.

Lo que significa para mi:_____
_____
_____
_____
_____

"LA ÚNICA MANERA DE MEJORAR, ES QUE TE RODIES CON MEJORES PERSONAS."

Qué significa para José:
Mismo círculo, mismos resultados.
Diferente circulo, diferentes resultados.

Lo que significa para mi:_____
_____
_____
_____
_____

"NUESTROS ARREPENTIMIENTOS MÁS GRANDES SON LAS OPORTUNIDADES QUE NO TOMAMOS."

Qué significa para José:
Lamentamos lo que no hicimos, eso es lo que la mayoría de los ancianos me han dicho.

Lo que significa para mi:_____
_____
_____
_____
_____

"PARA QUE LAS COSAS CAMBIEN, TU NECESITAS QUE CAMBIAR."

Qué significa para José:
Somos el cambio que puede cambiar
nuestras situaciones, nadie más.

Lo que significa para mi:_____
_____
_____
_____
_____

"CUANDO NO HAY PERDÓN, ENTONCES NO HABRÁ PAZ."

Qué significa para José:
Cuando pides perdón, no solo
te sentirás mejor, tambiem la otra persona
lo va agradecer.

Lo que significa para mi:_____
_____
_____
_____
_____

"EL DOLOR DE HOY SE CONVERTIRA EN LA FUERZA DE MAÑANA."

Qué significa para José:
Lucha hoy para un mejor futuro.

Lo que significa para mi:_____
_____
_____
_____
_____

"SI NO APRENDES DEL PASADO, ENTONCES NO SERÁS CAPAZ DE DISFRUTAR EL PRESENTE."

Qué significa para José:
Aprende de sus errores del pasado, para que
no los hagas otra vez y puedas disfrutar
los momentos del presente.

Lo que significa para mi:_____
_____
_____
_____
_____

"SOLO PORQUE LA MAYORÍA DE LA GENTE NO LOGRA EL EXITO, NO SIGNIFICA QUE TU TAMPOCO LO PUEDES LOGRAR."

Qué significa para José:
No juzgues tu propio potencial por
el fracaso de otra persona.

Lo que significa para mi:_____
_____
_____
_____
_____

"UN DÍA O DÍA UNO. TÚ DECIDES."

Qué significa para José:
O comienzas ahora o nunca comenzarás.

Lo que significa para mi:_____

_____

_____

_____

_____

"DEBO SER LA PERSONA QUE LLEVA LA LUZ AL MUNDO."

Qué significa para José:
Debes ser la persona que comparte positividad, esperanza, a tus amigos, familiares y a quienes te rodean.

Lo que significa para mi:_____
_____
_____
_____
_____

"ASOCIAR CON PERSONAS QUE CARGAN TU BATERÍA, NO DRENARLO".

Qué significa para José:
Rodéate de personas que te motiven y te empujen a ser mejor, no a las personas que te juzgan y se quejan todo el tiempo.

Lo que significa para mi:_____

_____

_____

_____

_____

"CELEBRA EL ÉXITO DE OTROS COMO TE GUSTARÍA QUE OTROS CELEBREN TU ÉXITO."

Qué significa para José:
El universo te dará lo que le pones al universo.
Comparte cosas positivas, y recibiras cosas positivas,
comparte cosas negativas, y Recibiras cosas negativas.

Lo que significa para mi:_____
_____
_____
_____
_____

"NUNCA TE COMPARES A OTRAS PERSONAS."

Qué significa para José:
Eres diferente y tu tiempo es diferente,
y eso es lo que te hace único.

Lo que significa para mi:_____
_____
_____
_____
_____

"AQUELLOS SIN MISIÓN, SE PIERDEN EN LA OSCURIDAD."

Qué significa para José:
Si no tienes un plan para tu vida, permanecerás perdido y no serás recompensado en la vida.

Lo que significa para mi:_____
_____
_____
_____
_____

"PARA DE DEJAR A LA PERSONA QUE ERAS, QUE TE HABLE FUERA DE LA PERSONA QUE TE PUEDES CONVERTIR."

Qué significa para José:
Hablando a ti mismo puede ser peligroso,
por eso tienes que tener cuidado con lo que
te dices a ti mismo.

Lo que significa para mi:_____
_____
_____
_____
_____

"SABER Y NO HACER, TODAVIA ES NO SABER."

Qué significa para José:
Puedes saber que no debes ser grosero
pero si sigues siendo grosero
entonces realmente no sabes que no debes
ser grosero.

Lo que significa para mi:_____
_____
_____
_____
_____

"NO TENGAS MIEDO DEL CAMBIO, PORQUE EL CAMBIO DE TODO MODOS VA A VENIR."

Qué significa para José:
Si no cambias, las cosas van a cambiar aunque te guste o no, y aunque estes preparado o no.

Lo que significa para mi:_____
_____
_____
_____
_____

"UN TONTO VENTILA TODO SU ENOJO, PERO UNA PERSONA SABIA, SE MANTIENE BAJO CONTROL."

Qué significa para José:
Un tonto no ha encontrado la paz interior y no ha dominado cómo controlarse y libera negatividad, mientras el sabio ha encontrado la paz y dominó cómo controlarse a sí mismo y no quiere perder el tiempo empeorando la situación.

Lo que significa para mi:_____
_____
_____
_____
_____

"CADA COSA QUE HA SUCEDIDO EN TU VIDA, TE ESTA PREPARANDO PARA UN MOMENTO QUE ESTÁ POR VENIR."

Qué significa para José:
Todo lo que experimentas sucede por una razón,
y te está preparando para mejores cosas.

Lo que significa para mi:_____
_____
_____
_____
_____

"CÓMO TE VEN LOS DEMÁS NO ES IMPORTANTE, CÓMO TE VES A TI MISMO SIGNIFICA TODO."

Qué significa para José:
Concéntrate en ti mismo y en cómo
puedes mejorar.

Lo que significa para mi:_____
_____
_____
_____
_____

"DATE PERMISO PARA VIVIR UNA GRAN VIDA".

Qué significa para José:
No te detengas de la vida que quieres
por lo que otros te digan.

Lo que significa para mi:_____

_____

_____

_____

_____

"UNA PERSONA TRABAJADORA, NECESITA UN COMPAÑERO CON UNA VISION."

Qué significa para José:
Puedes hacer cosas buenas solo, pero puedes hacer cosas GRANDES con un compañero.

Lo que significa para mi:_____

_____

_____

_____

_____

"PARA QUE PUEDAS ELEVAR, NECESITAS QUE SEPARAR."

Qué significa para José:
Para pasar al siguiente nivel debes dejar las cosas y las personas con las que estás ahora y hacer más cosas, pasar el rato con personas que son más exitosos que ti, y crear mejores hábitos.

Lo que significa para mi:_____
_____
_____
_____
_____

"LA FALTA DE PLANIFICACIÓN ES LA RAZÓN MÁS COMUN POR LA QUE LA GENTE CAE CORTO DE SUS OBJETIVOS Y SUEÑOS."

Qué significa para José:
Si no tienes un plan para el éxito, nunca estarás
preparado para recibir el éxito.

Lo que significa para mi:_____
_____
_____
_____
_____

"EDUCANDOTE DE OTROS TE AYUDARA HACER UNA GANANCIA, EDUCANDOTE A TI MISMO TE AYUDARA HACER UNA FORTUNA."

Qué significa para José:
Educandote de otros te enseñará habilidades limitadas para tener una vida buena, mientras educandote a ti mismo te enseñará las habilidades para tener éxito y vivir la vida que te mereces.

Lo que significa para mi:_____

_____

_____

_____

_____

"UNOS AÑOS DE TRABAJAR DURO, PARA TENER EL RESTO DE TU VIDA CON LIBERTAD."

Qué significa para José:
Cuando trabajas por lo que realmente quieres en la vida por unos años, puedes disfrutar la vida que creaste para el resto de tu vida.

Lo que significa para mi:_____
_____
_____
_____
_____

"POR CADA MINUTO QUE ESTÁS ENOJADO, TE PIERDES 60 SEGUNDOS DE FELICIDAD."

Qué significa para José:
Preocúpate menos, disfruta más.

Lo que significa para mi:_____
_____
_____
_____
_____

"NUNCA DEJES DE HACER GRANDES COSAS SOLO PORQUE ALGUIEN NO TE DA EL CRÉDITO."

Qué significa para José:
Haz cosas porque vienen del
corazón no para el reconocimiento.

Lo que significa para mi:_____
_____
_____
_____
_____

"HABLANDO MAL DE ALGUIEN, NUNCA TE AYUDARA A ELEVAR."

Qué significa para José:
Siempre ayuda a la gente y mantente humilde.

Lo que significa para mi:_____

_____

_____

_____

_____

"LOS AMIGOS FALSOS SON COMO SOMBRAS, TE SIGUEN EN EL SOL, PERO TE DEJAN EN LA OSCURIDAD."

Qué significa para José:
Ten cuidado con quién llamas a tus amigos,
incluso la azúcar parece a sal.

Lo que significa para mi:_____
_____
_____
_____
_____

"RENUNCIANDO ES EGOÍSTA."

Qué significa para José:
Cuando renuncias a tus metas y tus sueños,
no solo renuncias a ti mismo, sino también a tu
familia, tu equipo y las personas a las que
estás inspirando.

Lo que significa para mi:_____
_____
_____
_____
_____

"NO SEAS UNA PERSONA PERFECTA, PERO SI SEAS UNA PERSONA PROGRESIVA."

Qué significa para José:
Las personas que piensan que son perfectos, están lejos de ser perfectos, y los que van progresando para ser mejores, se están volviendo perfectos.

Lo que significa para mi:_____

_____

_____

_____

_____

"SI PUEDES VERLO EN TU MENTE, LO PUEDES DETENER EN TUS MANOS."

Qué significa para José:
Todo en este mundo empezó con una idea
en la mente. Con trabajar, lo que tenias en la
mente se puede crear en el mundo real.

Lo que significa para mi:_____
_____
_____
_____
_____

"CONTROLA TU MENTE PARA CONTROLAR TU DESTINO."

Qué significa para José:
Lo que entra a tu mente, tu cuerpo se
reflejará con tus resultados.

Lo que significa para mi:_____
_____
_____
_____
_____

"LOS DIAS QUE SON UN DESAFIO, SON LOS DIAS QUE TE DEFINEN."

Qué significa para José:
Los dias de aprendizaje son los dias en los que creces y te ayuda a que te conviertas en la persona que debes ser.

Lo que significa para mi:_____
_____
_____
_____
_____

<u>**DESPUES**</u>

Te agradezco por tomarte el tiempo para pensar conmigo. Esto son algunos pensamientos que me an ayudado a convertirme en una persona mejor. Espero que Pensamientos Con Jose te ayudo a tomar el tiempo para decidir que realmente quieres hacer y tener en la vida. Espero que compartas lo que aprendistes en este libro con otras personas para que tambien le ayudes a ir al siguiente nivel.

Fue dificil elegir mis pensamientos para compartir contigo en este libro, porque tengo mucho mas pensamientos que te pueden ayudar. Tal vez cada pensamiento no te ayudara, pero si uno realmente te inspira, mi trabajo seria cumplida. Nunca sabemos por lo que alguien esta pasando, por eso you creo que cuando compartimos nuestras experencias con otros, podemos ayudar con apoyando y dar un empujon que tambien pueden tener exito y inspirar a otros.

Gracias y agradezco mucho tu apoyo. Nos vemos hasta la proxima vez. Recuerda de compartir amor, sonreir mas, ser amable con todos, y inspirar a otros para poder hacer un mundo mejor.

Tu amigo,
– Jose Manuel Alonso

MANTENTE EN CONTACTO CONMIGO

WWW.JOSEALONSO.CO